ASSEMBLÉE GÉNÉRALE

des

CATHOLIQUES DU NORD ET DU PAS-DE-CALAIS

tenue à Lille, en 1884.

DISCOURS

PRONONCÉ

par M. KELLER

DANS LA SÉANCE SOLENNELLE DE CLOTURE

le 16 Novembre 1884

LILLE

IMPRIMERIE LEFEBVRE-DUCROCQ

—

1885

ASSEMBLÉE GÉNÉRALE

des

CATHOLIQUES DU NORD ET DU PAS-DE-CALAIS

tenue à Lille, en 1884.

DISCOURS

PRONONCÉ

par **M. KELLER**

DANS LA SÉANCE SOLENNELLE DE CLOTURE

le 16 Novembre 1884

LILLE

IMPRIMERIE LEFEBVRE-DUCROCQ

—

1885

ASSEMBLÉE GÉNÉRALE

des

CATHOLIQUES DU NORD ET DU PAS-DE-CALAIS

en 1884

DISCOURS

de **M. KELLER**

EXCELLENCE,

MESSEIGNEURS,

MESDAMES,

MESSIEURS,

C'était pour moi une satisfaction depuis longtemps désirée que de venir à Lille, dans ce foyer ardent de vie chrétienne et patriotique, où il fait bon réchauffer son cœur dans les tristes jours d'hiver moral que nous traversons. Oui, je suis heureux de m'y trouver. Je puis dire que je vous connaissais depuis longtemps. Il y a vingt ans, lorsque la France catholique s'est émue du sort de la Papauté menacée dans l'existence de son pouvoir temporel, et que de généreux volontaires accoururent au secours de Pie IX, j'ai vu et j'ai compté ceux que vous avez envoyés ; avec ceux de la Bretagne et de l'Alsace, les volontaires du Nord étaient les plus nombreux. (*Applaudissements.*) Et j'ai connu votre brave Wyart, aujourd'hui abbé de la Trappe ; j'ai connu votre glorieux martyr de Pas, frappé par le premier boulet piémontais et mort dans l'église de Lorette ! (*Applaudissements.*)

Depuis cette époque, j'ai suivi de loin vos grandes œuvres de foi et de charité, votre belle Université, vos collèges, vos écoles qui font l'admiration de la France entière.

Aujourd'hui même, avant de prendre la parole, j'ai été visiter les magnifiques bâtiments de vos Facultés, et, je dois vous le confesser, Monseigneur, j'ai commis là un péché d'envie dont vous voudrez bien m'absoudre, je l'espère.

Oui, habitant de Paris, en comparant les merveilles que vous avez réalisées, et le peu que nous avons fait, j'ai envié, pour notre grande capitale, votre Faculté de médecine, votre Faculté des Sciences, votre bibliothèque, en un mot, cette large et complète installation vraiment digne d'un enseignement supérieur. Après tant d'efforts consacrés au service de la vérité, je ne suis pas étonné de voir dans le Congrès des représentants de toute la France vous apportant le tribut de leur reconnaissance et de leur admiration.

Je suis heureux tout d'abord de vous retrouver ici, Monseigneur, vous qui êtes particulièrement cher à nos cœurs de catholiques et de Français. Après le double deuil qui a frappé successivement l'Eglise de Cambrai, vous apparaissez pour elle comme le consolateur par excellence. Non seulement vous apportez ici l'autorité et le charme incomparable de votre personne, mais il semble que vous y veniez au nom de la France chrétienne tout entière.

M. de Belcastel nous le disait hier, votre Eglise de Reims n'est pas un siège ordinaire. Ses Evêques ont reçu de Dieu la mission de baptiser la France, et à travers les âges ils ont été les témoins des engagements réciproques de nos aïeux et de nos rois ; (*Applaudissements.*) engagements qui ont fait pendant quatorze siècles la grandeur de notre pays ! (*Acclamations.*)

Cette mission est interrompue, Monseigneur ; elle n'est pas finie ! (*Nouvelles acclamations.*) Et en attendant, soyez, je vous en prie, le témoin de l'engagement que nous prenons ici, de servir toujours Dieu et la patrie, d'être les enfants soumis, les soldats courageux, les citoyens dévoués de la France et de l'Eglise ! (*Très bien.*)

A côté de vous, Monseigneur, je suis heureux aussi de saluer notre chef politique, celui à qui Dieu a donné le don de l'éloquence pour défendre pied à pied nos libertés religieuses (*Applaudissements.*), celui qui préside tous nos Congrès et toutes nos œuvres : j'ai nommé mon ami Chesnelong ! (*Applaudissements prolongés. Cris : Vive Chesnelong !*)

Enfin, permettez-moi un regard de tendresse particulière pour cette colonie d'Alsaciens, à qui votre Université de Lille a donné l'hospitalité, pour les Béchamp, les Florence, les Witz, les Schmitt, les Baltus, qui sont ici les collaborateurs de vos travaux scientifiques. (*Applaudissements.*) Pour moi, ils me rappellent nos chères provinces perdues, ces provinces toujours si catholiques et si françaises, ces provinces qui, hier encore, nous donnaient un magnifique exemple, en renommant à une immense majorité, en dépit des conquérants qui leur ont imposé le régime de la dictature, ces députés qu'elles aiment à nommer les députés de la protestation ! *(Applaudissements prolongés.)*

Je n'en parle pas sans émotion, car moi aussi, je suis Alsacien et catholique, et tant que je vivrai, je ne me lasserai pas de protester, et contre l'ennemi du dehors qui opprime nos compatriotes d'Alsace, et contre l'ennemi du dedans qui traite la France en pays conquis, et qui, après avoir confisqué toutes nos libertés, voudrait nous enlever aujourd'hui l'âme de nos enfants. *(Applaudissements.)*

Je vous remercie, Messieurs, de toute la bienveillance que vous me témoignez, mais permettez-moi de le dire, je voudrais que cet entretien ne se bornât pas à un échange, si doux qu'il fût, de sympathie et de félicitations. Vous êtes une troupe d'avant-garde, une troupe d'élite ; je voudrais donc examiner avec vous les périls et les devoirs de l'heure actuelle, et vous dire ce que la France chrétienne attend de vous.

N'ayez pas peur, je ne ferai pas de politique, bien qu'on en éprouve la tentation en traitant un pareil sujet. Non, nous laisserons de côté, dans les basses régions où il s'agite, le misérable gouvernement qui nous régit en ce moment. Il nous suffira de constater qu'il aggrave le danger par son inertie et par sa complicité, et qu'il est absolument incapable de nous sauver des abîmes auxquels il marche avec nous. Mais le mal, dont il se fait l'instrument, est général, et je voudrais vous montrer quelle est en ce moment la situation des catholiques non seulement en France, mais dans le monde entier.

Nous sommes à une heure solennelle, où il semble que le genre humain soit comme entraîné, comme enivré par le torrent de la science et de la richesse matérielles. D'un bout à l'autre de la terre, la nature paraît nous avoir livré tous ses secrets : la vapeur chaque jour emporte des millions de voyageurs à travers les continents et les mers ; pour aplanir les voies, on perce les montagnes, on réunit les mers, et la foudre elle-même, domptée et disciplinée, porte en un instant à des milliers de lieues la pensée, l'écriture et jusqu'à la voix de l'homme ; l'industrie se transforme à vue d'œil ; l'Angleterre, qui croyait en avoir le monopole, trouve des rivaux en Allemagne, aux Etats-Unis, dans l'Inde, et jusqu'au Japon ; cent millions d'Européens colonisent le nouveau monde et écrasent l'ancien d'une redoutable concurrence. La Chine elle-même, aujourd'hui vaincue sur le champ de bataille, sera peut-être victorieuse demain sur le terrain économique, grâce à la sobriété de ses ouvriers. Il y a là toute une révolution qui s'accomplit sous nos yeux et dont personne ne peut contester l'importance.

Eblouis par ces changements à vue, par ces progrès vertigineux, la plupart des hommes cèdent à l'orgueil. Ils croient qu'ils peuvent se passer de Dieu, qu'ils peuvent impunément oublier les enseignements de l'histoire, que désormais ils se suffiront à eux-mêmes et pourront à eux seuls résoudre le problème de leur bonheur. Et en effet, au vent dissolvant de la critique, on voit de toutes parts s'émietter et s'écrouler toutes les religions et toutes les philosophies humaines. En Angleterre et en Allemagne il ne reste que bien peu de protestants sérieux, et les temples y deviennent déserts, parce que la foi religieuse n'y appelle plus personne ; en Russie, le scepticisme poussé jusqu'au nihilisme gagne les classes intelligentes, et le schisme est condamné à l'impuissance par l'abaissement d'un clergé séparé de Rome. Enfin, chez nous, nos pauvres spiritualistes délaissés, tournés en ridicule par la jeune école, ne trouvent plus de sympathie ni de consolations que dans nos rangs. Oui, nous assistons à un effondrement de toutes les croyances, au milieu duquel le catholicisme seul reste debout. Il reste debout, partout vivant, partout persécuté, partout nécessaire ; il est l'affirmation totale en face de la négation totale, il ne fait qu'un avec l'histoire du genre humain dont il garde le passé dans ses livres, dont il occupe et passionne le présent tout rempli de la vivacité de nos luttes religieuses, enfin dont il tient l'avenir en ses mains, parce que seul il possède la solution des grands problèmes qui préoccupent l'humanité. *(Applaudissements.)*

C'est donc aujourd'hui l'affirmation totale demeurant en face de la négation totale.

Messieurs, nous sommes les dépositaires de ce grand trésor de vérité ; mais il ne nous est pas permis de nous borner humblement, modestement, égoïstement, à faire notre petit salut personnel sans nous occuper de celui des autres. Hier, M. l'abbé Simonis nous disait que nous sommes sur un navire qui fait eau de toutes parts, et que, si nous ne songeons pas à sauver le navire, nous ferons naufrage avec lui. La famille, la société, la patrie, sont battues en brèche par le matérialisme ; aujourd'hui on veut nous prendre nos enfants ; demain, on viendra nous demander l'héritage de nos pères ; dans peu de temps, si l'on n'y porte pas remède, la France sera ruinée, déshonorée, livrée à la guerre sociale.

Une pareille situation ne peut pas nous laisser indifférents. Possesseurs de la vérité, nous devons en être les apôtres. Pour échapper au péril qui nous menace de toutes parts, il faut que la foi et la charité grandissent avec la puissance de l'homme ; que, bien loin de contrarier ses conquêtes et ses progrès, la religion, qui les a toujours bénis, s'y associe et les rende vraiment féconds pour le bonheur des peuples ! (*Applaudissements.*)

Evitons, même dans les expressions, de paraître vouloir retourner en arrière. En avant et en haut, « *Sursum* » voilà notre devise. Prenons la tête du mouvement de la science et de la richesse, et sachons le diriger. C'est pour cela que vous avez fondé à Lille votre Université faisant tourner toutes les découvertes modernes à l'honneur et à la force du catholicisme. A l'exemple d'Albert de Lapparent, vous creusez les entrailles de la terre pour y trouver la confirmation du récit de la Genèse ; sur les traces des abbés Vigouroux et Douillard, vous fouillez les ruines de Ninive et de

Babylone pour établir l'authenticité de la Bible et l'unité du genre humain. Emules de Lucien Brun, vos jurisconsultes établissent que la justice ne dépend pas de la volonté ni des caprices des hommes, mais qu'elle puise sa source dans la justice immuable de Dieu. Enfin, à la suite de Charles Périn et de Le Play, dont je salue ici le disciple, récemment couronné, M. Béchaux, à la suite d'Albert de Mun et de son ami Harmel que je vois avec bonheur au milieu de vous, vos économistes recherchent les lois éternelles qui, dans toutes les races et sous tous les climats, assurent la stabilité du travail et le bonheur de l'ouvrier. (*Vifs applaudissements.*)

Voilà, vous le voyez, un vaste champ ouvert à votre activité. Et pourtant, je le déclare hautement, ce n'est pas encore là pour moi l'œuvre la plus urgente. Ce qu'il y a de plus nécessaire, Messieurs, c'est de faire parvenir la vérité, non pas aux intelligences d'élite qui vont au devant d'elle, mais au peuple qui paraît l'avoir oubliée et qui attend que vous la lui rendiez.

Oui, ne perdons pas de vue que, dès sa fondation et dans la voie que Jésus-Christ lui a tracée, le catholicisme n'est pas destiné à être de préférence la religion des riches. Loin de là, il est avant tout la religion des pauvres, des petits, des faibles, des masses qui travaillent. Et il n'est pas établi seulement pour les conduire à la félicité éternelle ; non, il peut encore et il peut seul réaliser leur bonheur temporel. (*Très bien.*)

Le peuple n'est pas si difficile à atteindre qu'on se le figure. L'Allemagne et la Belgique ne nous donnent-elles pas le consolant exemple de populations catholiques marchant sans hésitation sous la direction de leurs chefs, votant unanimement sous leur inspiration, n'ayant qu'un cœur et qu'une âme avec eux ? Nous aussi, sachons montrer au peuple que nous nous intéressons à ses souffrances et à ses besoins ; témoignons-lui de l'affection, c'est le moyen certain de gagner la sienne.

Et du reste, Messieurs, quels adversaires trouvons-nous ici sur notre chemin ? On vous les a nommés tous les deux dans cette séance : c'est la franc-maçonnerie et le socialisme.

La franc-maçonnerie, je ne vous en parlerai pas longuement ; vous la connaissez tous. Elle est le résultat nécessaire de la destruction de toute croyance, de tout culte, de toute morale. C'est comme une mauvaise herbe qui pousse spontanément sur les ruines.

Les tabliers maçonniques, et tous les détails de ces rites burlesques montrent jusqu'où l'on peut descendre quand on est une fois sorti de la vérité.

Mais le point sur lequel j'insiste, que je signale tout spécialement à votre examen et sur lequel vous devez appeler l'attention des ouvriers, c'est que la franc-maçonnerie est une association essentiellement bourgeoise, qui n'est pas, qui ne peut pas devenir une religion populaire. *(Applaudissements.)*

Elle ne reçoit dans ses temples qu'un petit nombre d'initiés, elle ne livre ses secrets qu'à un groupe de privilégiés habilement choisis pour dominer et pour exploiter le peuple, et pour se partager tous les bénéfices de l'organisation actuelle de la société. L'histoire contemporaine est là pour attester ce que j'affirme ; la franc-maçonnerie ne peut rien pour le peuple.

Aussi, en face d'elle se dresse le socialisme, qui, lui aussi, prétend être l'application logique du principe révolutionnaire, la conséquence fatale de l'incrédulité, et auquel en effet personne n'a rien à répondre, du moment que l'on renie Dieu, que l'on rejette le christianisme et ses bienfaits.

L'ouvrier français, je le constate avec fierté, a peu de penchant, peu de goût pour le socialisme ; mais si les francs-maçons parvenaient à arracher la foi de son cœur, ils finiraient par le rendre socialiste malgré lui.

En effet, qu'est-ce que la franc-maçonnerie a fait pour le bonheur des nations ? Elle leur a donné de belles formules, et c'est tout. Elle a inscrit sur les édifices publics ces belles paroles : liberté, égalité, fraternité ; mais elle semble avoir pris à tâche de les tourner en dérision.

Et ici, Messieurs, je me rappelle un souvenir qui est resté profondément gravé dans mon cœur. C'était à la fin de ce glorieux pontificat de Pie IX, qui occupera une si grande place dans l'histoire de ce siècle. J'étais allé à Rome avec mes fils aînés, voulant qu'ils reçussent la bénédiction de ce pape bien-aimé. Pie IX, avec cette bonté touchante que nous avons tous connue, voulut instruire ces enfants et leur donner une lumière sur les problèmes qui agitent le plus les esprits, et que tout homme rencontre sur la route de la vie, et il leur dit :

« Mes enfants, on vous parlera beaucoup de 89. Quatre-vingt-neuf, c'est à peu près l'époque de la naissance du pape. Cette année-là, on a cru trouver un secret qui ferait à lui seul le bonheur du genre humain. Liberté, égalité, fraternité, voilà la formule que la société moderne croit avoir inventée. Mais mes enfants, rappelez-vous le bien, ce sont là des vérités éternelles, que l'Eglise seule a réalisées dans le passé, et que nul autre que l'Eglise ne réalisera dans l'avenir. » (*Vifs applaudissements.*)

La liberté ! Elle a consisté, pendant des siècles, dans l'indépendance que le chrétien arrivait à conquérir par son travail et par son économie. Ne nous étonnons donc pas si un temps matériel, comme le nôtre, la cherche surtout dans la possession des richesses. Après qu'on a conféré à l'ouvrier l'égalité des droits politiques, il se demande avec raison pourquoi la souveraineté, l'infaillibilité populaire ne procèderait pas à une nouvelle répartition des biens de ce monde. En Allemagne, le socialisme grandit à vue d'œil : 6 à 700.000 socialistes viennent de prendre part aux dernières élections ; pour les satisfaire, le puissant chancelier de Bismarck s'est cru obligé d'entrer danscette voie du socialisme d'Etat, dont M. Théry nous signalait tout à l'heure les dangers.

En France, l'ouvrier est plus sage, plus sensé qu'en Allemagne. Il garde encore dans ses veines ce sang catholique qui manque à la moitié de la race germanique. Il conserve encore dans sa conscience cette vieille morale de nos pères, dont on lui parle si légèrement, mais qu'il a apprise avec son catéchisme, et qui n'aura plus de sens pour lui quand il ne croira plus à Jésus-Christ.

Mais, en attendant, qu'a fait pour la liberté de l'ouvrier la franc-maçonnerie qui est aujourd'hui au pouvoir ? Elle a entrepris, dans un intérêt électoral, d'immenses travaux publics ; elle a dépensé des milliards, elle a provoqué une augmentation factice et momentanée des salaires. Puis, tout à coup, quand ces richesses ont été gaspillées, on s'est trouvé en face de la ruine et de la misère.

Le chef d'industrie se plaint avec raison des impôts qui l'écrasent, et qui le mettent dans l'impossibilité de lutter avec l'étranger ; l'agriculteur plie sous le même fardeau, ne vend son blé qu'à perte, et déclare que, si on ne lui vient pas en aide, il laissera sa terre en friche ; et le Trésor public, avec un budget de quatre milliards, se trouve presque réduit à la mendicité.

Que fait-on pour réparer toutes ces misères ? Des enquêtes, oui, de solennelles enquêtes, dans lesquelles on enregistre toutes les plaintes ; mais l'on se borne à cela. (*Rires.*)

Quand les agriculteurs des départements pauvres viennent formuler leurs doléances, on les engage, pour les consoler, à faire de la culture intensive, à acheter des engrais chimiques. Et quand vous, riches agriculteurs du Nord, vous établissez, chiffres en mains, que vous ne rentrez plus dans vos frais, la *République française*, par la plume d'un de ses rédacteurs les plus autorisés, vous déclare que vous avez tort de faire de la culture intensive, (*rires*) que vous abusez des engrais chimiques.

Ce qu'on conseille aux uns, on le déconseille aux

autres ; c'est-à-dire qu'on n'a en définitive de remède sérieux à donner à personne.

Toutefois, cette enquête mérite d'être étudiée, car elle renferme les dépositions de beaucoup de patrons et d'ouvriers, dont le langage atteste une grande connaissance des faits. Chose triste à constater, que confirment les républicains et les socialistes eux-mêmes, chez l'ouvrier français la productivité, — je vous demande pardon de l'expression, mais aujourd'hui jusque dans la langue nous revenons à la barbarie, — la productivité, ou si vous l'aimez mieux, la puissance productive du travail, diminue à la ville comme à la campagne. L'amour de la terre et du métier disparaît ; personne ne travaille plus avec plaisir, et par suite, la tâche faite dans la journée va en décroissant. Les ouvriers et les agriculteurs n'ont plus d'autre ambition que de faire de leurs enfants des instituteurs et des institutrices, se disputant les palais scolaires trop peu nombreux pour les recevoir. Paris et les autres grandes villes sont déjà remplis d'institutrices sans emploi et réduites pour vivre aux extrémités les plus lamentables.

En même temps l'habitude de l'épargne se perd, et tandis que les ministres, les spéculateurs et les grands capitalistes jouent avec les millions, des populations entières mangent à la hâte leur petit patrimoine, et se condamnent à vivre au jour le jour de salaire ou de crédit. Ce sont les prolétaires modernes et les nomades de la civilisation.

Hélas ! qu'est devenue pour eux la liberté, et comment la retrouveront-ils jamais, s'ils ne reviennent pas la puiser à sa source, c'est-à-dire dans les enseignements de l'Eglise?

Voyons, du moins, ce que la franc-maçonnerie a fait de l'égalité pour l'ouvrier. L'égalité ! Quel mot plein de charme ! Mais comment la réaliser ?

En effet, nous ne naissons pas tous avec des moyens égaux ; l'un est intelligent, l'autre ne l'est pas ; l'un est grand, l'autre petit ; l'un arrive péniblement à manger son pain à la sueur de son front, l'autre jouit du travail de ses pères. Partout de saisissants et douloureux contrastes. Néanmoins l'Eglise catholique avait fondé pour tous ses enfants une magnifique égalité, elle leur avait ouvert à tous la même source d'un bonheur pur, et qui pouvait régner dans la mansarde de l'ouvrier aussi bien que dans les palais dorés du riche. C'était l'égalité du foyer, l'égalité de la famille chrétienne.

Jadis l'esclave antique était traité comme une bête de somme ; on pouvait séparer les époux, arracher l'enfant des bras de sa mère. Le christianisme institua, pour le pauvre comme pour le puissant, le mariage chrétien. Il fit de sa femme la compagne fidèle de ses bons et de ses mauvais jours, en même temps qu'il lui donnait le droit d'élever ses enfants dans sa foi, de les regarder avec fierté en disant : « Ces enfants sont à moi ; je tâcherai de les rendre semblables à moi, ou meilleurs que moi si je le puis. Ils m'appartiennent, c'est mon bien le plus précieux. » Ah! voilà quelle était la vraie égalité, la source des mêmes joies, de la même gaîté, de la même fierté pour tous. Et c'est précisément ce trésor que la franc-maçonnerie s'efforce de ravir à l'ouvrier.

Elle lui prend d'abord la paix de son foyer, la fidélité de sa compagne, en niant la vertu du mariage chrétien, en vantant les bienfaits du mariage civil, puis en déclarant bientôt que ce mariage civil n'a qu'une valeur précaire, et qu'on pourra le rompre par le divorce. Le divorce! Y a-t-on bien pensé? Mais c'est la polygamie successive inventée comme la polygamie simultanée au profit de quelques privilégiés; c'est une prime à l'adultère et c'est une libre carrière ouverte aux fantaisies des riches débauchés qui pourront séduire impunément la femme du pauvre.

De plus, quand on aura détruit dans l'esprit du peuple le sentiment de la sainteté et de la perpétuité du mariage, savez-vous quelles conséquences il en déduira?

Ah! se dira-t-il, les formalités du mariage sont coûteuses, et comme celles du divorce ne sont pas moins chères, le plus simple et le plus économique est de se passer d'une cérémonie qui n'a pas d'effet durable et de se réunir sans formalités. Ce triste spectacle ne devient-il pas tous les jours de plus en plus fréquent?

Ainsi disparaît cette sainte égalité de la famille que l'Eglise avait faite pour les plus petits et les derniers de ses enfants. (*Applaudissements.*)

Vient enfin la fraternité! Ici la franc-maçonnerie est obligée d'avouer son impuissance. Et voici ce que je lisais dernièrement dans *l'Alliance maçonnique* ou dans *le Monde maçonnique* : « Depuis un certain nombre » d'années nous avons essayé de fonder un orphelinat, » mais nous ne parvenons pas à le faire vivre, et nous

» ne pouvons pas soutenir la concurrence avec les
» œuvres catholiques. La franc-maçonnerie est ridicule
» quand elle veut se mêler de bienfaisance. »

C'est bien vrai. (*Applaudissements.*) Elle ne parvient à distribuer des secours qu'en prenant notre argent dans nos poches, et en faisant de l'assistance gratuite pour elle, obligatoire pour nous, au nom de l'Etat.

Aussi quelle n'est pas la jalousie secrète, la haine implacable de la franc-maçonnerie pour les congrégations religieuses, qui sont l'incarnation vivante de la charité!

Ah! quand il s'agit du passé, de l'histoire des siècles qui ont disparu, on peut mentir à l'aise, les morts ne sont pas là pour répondre! Mais quand on a en face de soi les héros vivants de la charité, ces Frères des écoles chrétiennes, sur la poitrine desquels l'Académie française attachait, après la guerre, la croix d'honneur du patriotisme (*Acclamations.*), ces Frères qui, hier encore, à Toulon, sont morts du choléra pendant que les instituteurs laïques prenaient des vacances (*Nouvelles acclamations.*); quand on a sous les yeux ces admirables filles de la charité, ces petites sœurs des pauvres, dont on nous parlait tout à l'heure, qui, elles aussi, sont mortes en soignant les cholériques, et qui ont arraché à nos libres-penseurs des cris d'admiration; quand on a sous les yeux ce grand service gratuit du peuple organisé et perpétué par l'Eglise et qu'on se sent absolument incapable de l'imiter, je comprends qu'on le déteste! (*Longs applaudissements.*) Oui, ces milliers de frères, de sœurs, on voudrait les faire disparaître, mais on n'y parviendra pas, parce qu'ils ont poussé des racines trop profondes dans le sol de la France, parce qu'ils font partie intégrante de notre honneur national, et que Dieu ne permettra pas que cet honneur nous soit ravi ! (*Longues acclamations.*)

Messieurs, voilà la fraternité poussée jusqu'à l'héroïsme, et quand dans un pays il y a des milliers d'âmes qui la mettent en pratique, qui renoncent aux joies de la famille, de la fortune et du pouvoir pour augmenter la part des pauvres, savez-vous quelle en est la conséquence ? C'est que chacun apprend à faire aussi, pour ses voisins moins favorisés, quelque généreux sacrifice qui augmente le bonheur des autres sans diminuer le sien. Grâce à Dieu, la France est encore la terre privilegiée de la charité et de la fraternité chrétienne.

En face de ces merveilles, on a vu de tout temps conspirer l'égoïsme païen, cherchant sans cesse comment il pourrait se procurer la plus grosse somme de satisfactions personnelles, et aspirant à se débarrasser d'une morale incommode, pour s'en faire une plus facile. Tout à l'heure on vous faisait l'éloge de Louis XIV. Certes, je n'oublierai pas qu'il a fait de grandes choses et qu'il a laissé son nom à un grand siècle. Mais je ne puis pas oublier non plus le mal qu'il a fait à la France, en l'asservissant à sa fantaisie, à sa toute puissance, et en légitimant l'adultère. Cet ancien régime-là, nous n'en sommes pas les défenseurs.

Mais il n'est pas mort l'ancien régime ; nous l'avons là vivant sous nos yeux, dans cette aristocratie gouvernementale d'avocats sans causes, de médecins sans malades, et de vétérinaires sans animaux ! (*Applaudis-sements.*)

Quand ils prétendent qu'ils ont pour mission de gouverner et de façonner les âmes, de former nos enfants à leur image, de réunir entre leurs mains le pouvoir temporel et le pouvoir spirituel, ils laissent bien loin derrière eux ce que les rois les plus absolus ont fait de plus odieux. Oui, l'ancien régime, le voilà en chair et en os, et si vous le détestez, si vous n'en voulez plus, c'est à vous de nous en délivrer. (*Bravos répétés.*)

Vous voyez ce qu'on offre au peuple en fait de liberté, d'égalité, de fraternité. Quoi d'étonnant si, de son côté, à mesure qu'on le détache de la foi de ses pères, qu'on l'enivre de fausses doctrines et de séduisantes pro-messes, et qu'on augmente ses souffrances en diminuant ses consolations, il se laisse insensiblement entraîner vers le socialisme.

Le christianisme seul peut l'arrêter sur cette pente fatale. Laissez-moi vous lire à ce sujet quelques lignes très curieuses d'une étude sur la patrie hongroise, par l'Egérie de la République, Mme Adam :

« Le socialisme aurait dû trouver ses formules et ses
» apôtres dans les nouvelles couches sociales, si celles-
» ci étaient restées peuple et fussent devenues une aris-
» tocratie de l'intelligence; mais elles ont préféré s'en-
» richir, jouir, devenir bourgeoises, et elles sont à tout
» jamais incapables d'aider à l'évolution sociale de notre
» temps. M. Tisza et M. Jules Ferry sont leur expres-
» sion complète (page 247).

» La politique doit se faire avec toutes les classes;

» mais elle se laisse, depuis un demi-siècle, diriger, dans
» les rapports économiques qui la dominent, par la
» classe bourgeoise la plus avide et la plus dure aux
» misérables. Le socialisme d'aujourd'hui n'a, j'en ai
» peur, aucune chance d'être accepté par cette classe,
» de laquelle il exigerait trop de sacrifices. Il se réfugie
» donc forcément dans un milieu où l'esprit de charité
» et de renoncement est prêché depuis des siècles; où
» le remords des jouissances et de l'extrême richesse
» hante, pour le moins une fois l'an, le cœur des
» croyants; où la bienfaisance est ordonnée chaque
» jour; où la tradition morale est la pitié pour les
» pauvres et le respect des humbles (page 218). »

Voilà l'aveu d'une ennemie. Elle nous donne là, Messieurs, un utile enseignement; car, si elle proclame l'impuissance de la franc-maçonnerie qui nous gouverne, en même temps elle nous indique le devoir que nous avons à accomplir. *(Applaudissements.)*

Aussi je reviens sur ce que je vous disais tout à l'heure, et je vous convie, je vous convie instamment à vous occuper du peuple et des œuvres populaires. A côté de l'enseignement scientifique que vous préparez pour les chefs d'industrie, n'oubliez pas son corollaire, l'école des arts et métiers, où vous formerez des contre-maîtres chrétiens. *(Applaudissements.)* Oui, les contre-maîtres chrétiens nous manquent aujourd'hui dans l'usine, comme les sous-officiers chrétiens dans les régiments. Il ne faut pas négliger cette classe intermédiaire qui approche le plus de l'ouvrier, qui vit avec lui, et qui a sur son esprit une influence de tous les instants.

Et puis, dans l'enseignement primaire, préoccupons-nous d'inculquer à l'ouvrier l'intelligence et l'amour de l'épargne, qui peut assurer sa liberté. Au lieu de lui donner de vagues notions de chimie et d'anatomie, apprenons-lui à connaître clairement et nettement les lois mathématiques qui conduisent le travailleur économe à l'aisance, ou l'imprévoyant à la ruine. Que les jeunes gens sachent qu'en mettant de côté quelques sous chaque semaine, ils peuvent assurer leur avenir. A l'exemple de l'agriculteur, qui serait condamné à mourir de faim s'il ne gardait pas pour l'hiver une partie de sa récolte, l'ouvrier doit, pour se mettre à l'abri des chômages, des accidents et des maladies, amasser un petit pécule. Avec trois ou quatre cents francs qui lui appartiendront, il pourra gagner jusqu'à mille francs par an, car il ne sera plus obligé d'acheter à crédit, bien au-dessus de leur valeur, des marchandises mauvaises, ni de payer très cher un logement malsain pour sa famille. Libre de son lendemain, il discutera les conditions de son travail, et échappera aux calculs de ceux qui voudraient exploiter sa misère.

L'économie est la première source de l'indépendance de l'ouvrier : voilà ce qu'il faudrait enseigner et démontrer tous les jours dans toutes les écoles primaires.

Qu'on réveille de même le sentiment de la véritable égalité, en intéressant le père et la mère à l'éducation de leurs enfants, en les associant à la fondation, à l'entretien, à la surveillance de l'école religieuse. Quand les parents sont en présence de leurs enfants à sauvegarder, à former, à diriger dans la vie, ils redeviennent eux-mêmes chrétiens. Trop souvent ils ont oublié, dans d'aveugles et inconscientes manifestations politiques, ce qu'ils doivent aux Frères et aux Sœurs auxquels ils aiment à confier leurs enfants. Mais appelez-les sur ce terrain de l'école libre, demandez-leur d'y contribuer ne fût-ce que pour une obole, associez-les, réunissez-les pour leur rendre compte de cette œuvre, qui doit être la leur, car ils y sont les premiers intéressés, et, soyez-en convaincus, Messieurs, vous toucherez leurs cœurs, et d'adversaires qu'ils étaient, ils deviendront nos alliés ! (*Vifs applaudissements.*)

Enfin, fraternisons avec le peuple des villes et des campagnes au moyen de la presse et des conférences. Ah ! Messieurs, permettez-moi d'insister pour que vous ayez des journaux vraiment populaires par leur prix et par leur langage, et pour que vous fassiez des conférences non seulement à ce magnifique auditoire de Lille, mais dans toutes vos villes industrielles et dans vos grandes communes rurales.

A Paris, nous les continuons régulièrement depuis trois ans. Hier, vous applaudissiez un de nos plus brillants orateurs, M. de Lamarzelle ; mais il n'est pas seul ; il fait partie d'une escouade, d'une compagnie de jeunes conférenciers, pleins de foi et de patriotisme, qui vont porter la lumière dans tous les faubourgs de la capitale. (*Applaudissements.*)

Partout où ils parlent, ils ont des auditoires nombreux, heureux d'entendre la vérité ; nos adversaires eux-mêmes sont forcés de reconnaître leurs succès. Il vous est facile d'en faire autant dans votre beau département du Nord. Avec les hommes de valeur dont vous disposez dans votre université et votre barreau, avec vos anciens et dignes magistrats, qu'on a trouvés trop capables et trop intègres pour conserver leurs sièges, vous avez de quoi former une phalange d'éloquents et intrépides apôtres de la vérité ! *(Applaudissements.)* Allez donc, Messieurs, et portez partout la semence de la bonne parole ! *(Très bien !)*

Enfin, et c'est par là que je termine, dans cette grande bataille que nous avons à livrer pour la défense de nos droits et de nos libertés, de nos consciences, de notre patrie et de tout ce qui nous est cher, mettons de l'activité, de l'énergie, et ne nous décourageons jamais ! L'inertie, c'est un ennemi dangereux qui pénètre dans les âmes sous les formes les plus diverses. Souvent les meilleures s'imaginent que Dieu va faire d'un instant à l'autre un miracle, pour mettre toutes les choses admirablement à leur place. Et comme le miracle n'arrive pas, elles s'affligent et se disent : Il n'y a plus rien à faire ! De ces âmes-là, je ne pense pas qu'il y en ait beaucoup à Lille, ville énergique s'il en fût, où vous aimez tous l'action et où l'on ne connaît pas le découragement.

D'autres pensent que tout le problème consiste à rédiger d'avance une constitution parfaite, au risque de ne pouvoir jamais la donner à leur pays.

Certes, nous désirons tous pour notre chère France un régime aussi parfait que possible ; mais elle est malade, nous ne pouvons nous le dissimuler, et la science qui doit la guérir se rapproche plus de la médecine que des mathématiques. Il faut tenir compte de ce que son tempérament peut supporter à l'heure actuelle. M. l'abbé Simonis nous le disait hier, nous travaillerons peut-être dix ans, vingt ans, à guérir les plaies de la société, et nous ne lui ferons accepter des institutions chrétiennes que dans la mesure où notre apostolat aura propagé le christianisme dans les âmes.

S'il nous reste encore sur ce point des incertitudes, tout à l'heure, l'honorable M. Théry nous indiquait quelle est en pareille matière la voie à suivre pour des enfants de l'Eglise. Oui, le jour où nous hésiterons, où notre conscience se demandera si telle ou telle ligne de conduite est compatible avec la vérité, si nombreux qu'ils soient, nos congrès ne sont pas des conciles qui puissent trancher des questions de conscience et de doctrine ; mais, pour nous montrer le bon chemin, nous avons un guide sûr, c'est le Pape ! *(Applaudissements.)* Oui, nous avons pour nous conduire la grande voix de Léon XIII, de ce pontife qui aime tant la société moderne, qui connaît ses besoins et qui veut la guérir et la sauver. Le jour où nous serons indécis, incertains, divisés, allons à Léon XIII, rappelons-nous que lui seul, dans son infaillibilité, a pouvoir de trancher les questions de doctrine. C'est aussi le Pape qui a reçu de Dieu la mission de négocier et de signer les concordats et de régler les rapports de l'Eglise avec l'Etat. Le jour où nous aurons besoin de lumière à ce sujet, c'est là que nous la trouverons pleine et entière. Aussi, pour le moment, ne revenons pas sur des dissentiments qui n'ont plus de raison d'être, et qui n'offrent plus guère qu'un intérêt historique. Avant tout, ne nous divisons pas ; au nom du ciel, serrons-nous autour du Pape, autour de nos évêques, dans un sentiment de profonde soumission à l'Eglise et de dévouement au pays. (*Applaudissements.*) Faisons provision d'énergie, de vigueur et de grandeur d'âme pour traverser les jours difficiles qui nous attendent. Oui, sachons être, s'il le faut, prêts à tous les sacrifices pour l'Eglise et pour la France, et n'oublions pas les injures qui leur ont été faites ! Les injures personnelles, nous en pouvons faire bon marché, mais quel est celui d'entre nous qui pourrait oublier une injure faite à sa mère ? (*Applaudissements.*)

L'Eglise et la France sont nos mères, et nous ne devons pas laisser refroidir dans nos cœurs l'indignation que nous avons ressentie en 1871, quand nous avons perdu nos chères provinces, et celle que nous avons ressentie quand on a chassé de leurs couvents, de leurs écoles, de leurs hôpitaux nos Frères et nos Sœurs, et qu'on a décroché nos crucifix !

Oui, gardons-la dans le fond de nos cœurs cette vigoureuse indignation ; préparons-nous à des jours plus difficiles, à de plus grands travaux, à de plus durs sacrifices ; et à ceux qui nous persécutent avec acharnement, comme à ceux qui nous regardent avec indifférence et veulent s'amuser, sachons répondre avec les Machabées : Nous aimons mieux mourir que de voir la ruine de nos autels et la honte de notre patrie !

Si telles sont nos dispositions, n'en doutons pas, Dieu nous donnera la victoire ! (*Triple salve d'applaudissements.*)